```
AF188562
```

Impressum
Verlag: BABADADA GmbH, Nedderfeld 112 , 22529 Hamburg
Geschäftsführer / Verlagsleitung: Harald Hof
Druck: Books on Demand GmbH, In de Tarpen 42, 22848 Norderstedt

Imprint
Publisher: BABADADA GmbH, Nedderfeld 112 , 22529 Hamburg, Germany
Managing Director / Publishing direction: Harald Hof
Print: Books on Demand GmbH, In de Tarpen 42, 22848 Norderstedt

l'école

duɗal

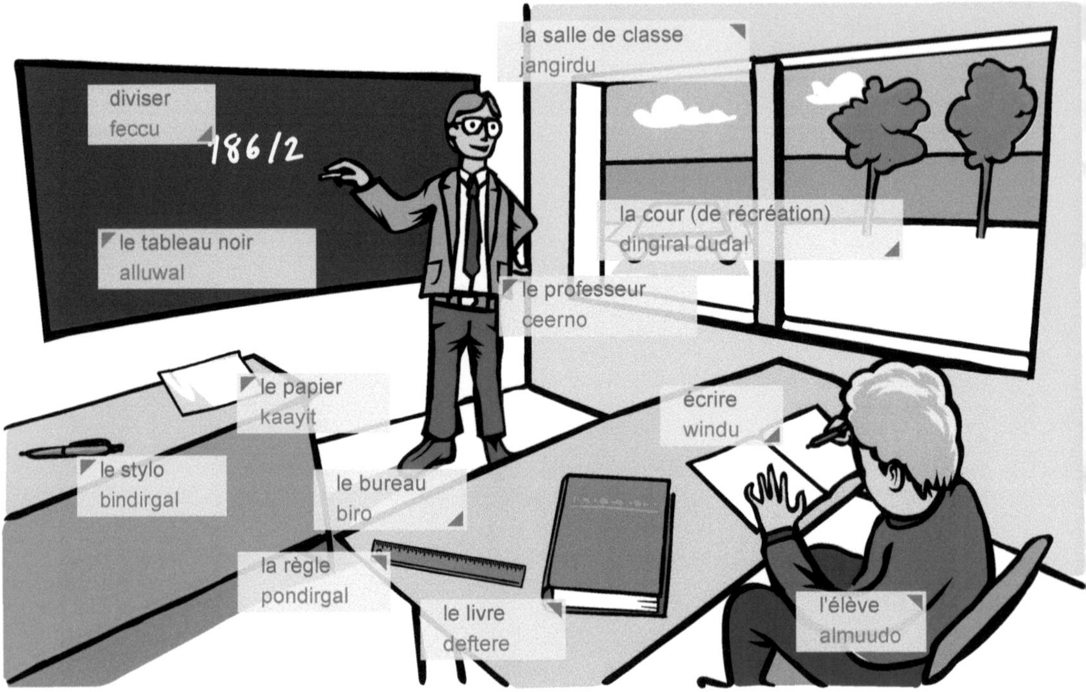
la salle de classe
jangirdu
diviser
feccu
186/2
le tableau noir
alluwal
la cour (de récréation)
dingiral duɗal
le professeur
ceerno
le papier
kaayit
écrire
windu
le stylo
bindirgal
le bureau
biro
la règle
pondirgal
le livre
deftere
l'élève
almuudo

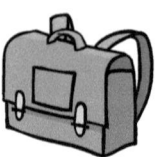

le cartable
sakosel

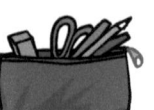

la trousse
suudu kuɗol

le crayon
kuɗol

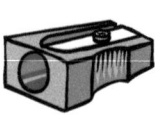

le taille-crayon
ceeɓnoowo kuɗol

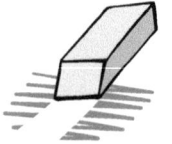

la gomme
momtirgal

le carnet à dessin
nokku diidirɗo

le dessin

diidgol

le pinceau

diidirgal

la boîte de peinture

suudu diidordu

les ciseaux

sisooje

la colle

kol

le cahier d'exercices

deftere softinorde

les devoirs

coftinogol

le chiffre

tongoode

additionner

ɓeydu

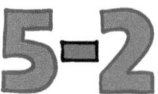

soustraire

ustu

multiplier

hebbin

calculer

lim

la lettre

ɓataake

l'alphabet

hijju

le mot

kongol

le texte

windande

lire

jangu

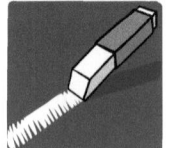

la craie

bindirgal

la leçon

darsu

le livre de classe

windaade

l'examen

ÿeewtogol

le certificat

ijaazi

l'uniforme scolaire

wutte jaŋirɗo

la formation

jaŋde

le lexique

ɗowitorde mawnde

l'université

jaaɓi haatirde

le microscope

mokoroskop

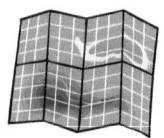

la carte

wertaango

la corbeille à papier

siwo mbalis

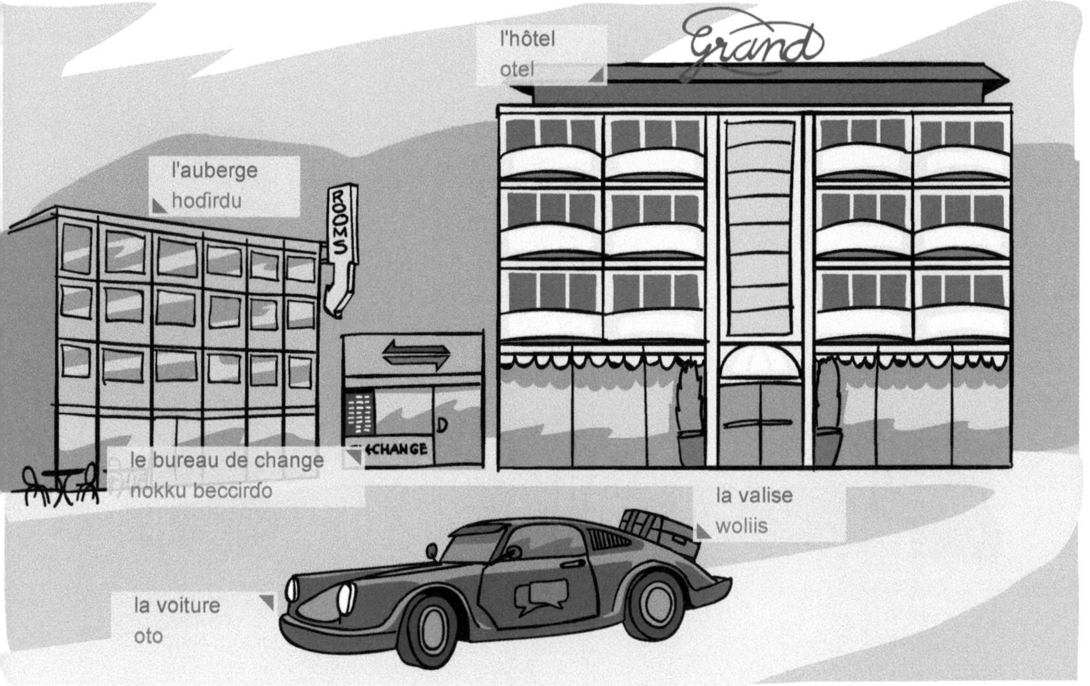

l'hôtel
otel
Grand
l'auberge
hoɗirdu
ROOMS
le bureau de change
nokku beccirɗo
CHANGE
la valise
woliis
la voiture
oto

la langue

ɗemngal

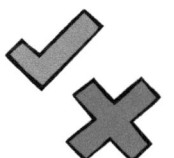

oui / non

ey / ala

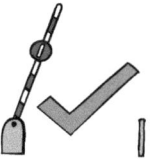

d'accord

Eyyo

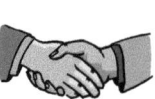

Salut

mbaɗɗa

l'interprète

pirtoowo

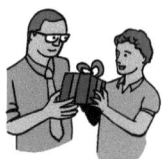

merci

jaraama

Combien coûte...?

hono foti...?

Je ne comprends pas

mi faamaani

le problème

satteende

Bonsoir !

jam hiiri

Bonjour !

jam waali

Bonne nuit !

jam waal

Au revoir

baay baay

la direction

ngardiindi

les bagages

kaake

le sac

saak

le sac-à-dos

saak bakke

l'hôte

koɗo

la pièce

suudu

le sac de couchage

saak ɗaanorɗo

la tente

taanta

le voyage - ɗannaade

l'office de tourisme

kabaaru jillotooɗo

la plage

palaaz

la carte de crédit

kartal keredii

le petit-déjeuner

kasitaari

le déjeuner

bottaari

le dîner

hiraande

le billet

tikkett

l'ascenseur

suutde

le timbre

tembere

la frontière

keerol

la douane

soodooɓe

l'ambassade

ambasaat

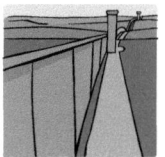

le visa

wiisa

le passeport

paaspoor

le transport
yangarta

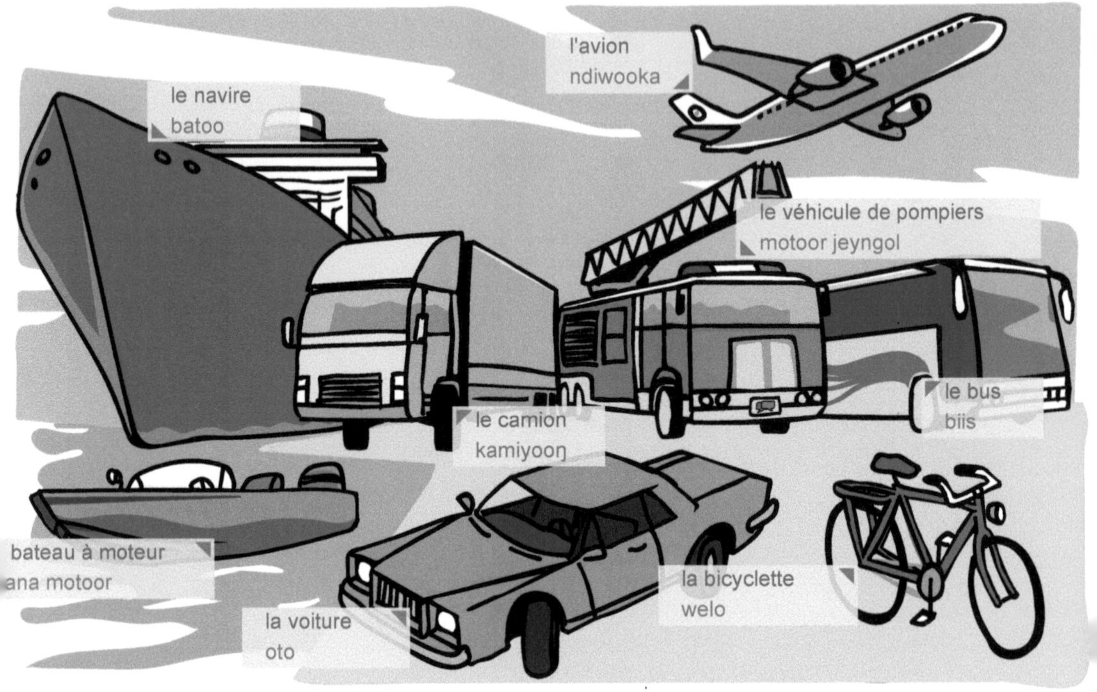
l'avion
ndiwooka
le navire
batoo
le véhicule de pompiers
motoor jeyngol
le bus
biis
le camion
kamiyooŋ
bateau à moteur
ana motoor
la bicyclette
welo
la voiture
oto

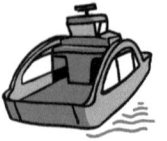

le ferry

baak

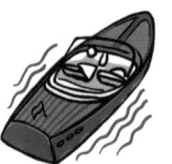

la barque

laana

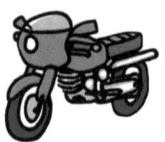

la moto

welo motoor

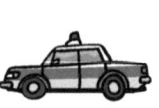

la voiture de police

oto poliis

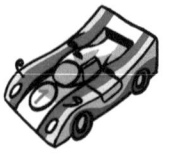

la voiture de course

oto dandu

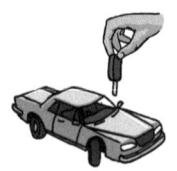

la voiture de location

otoluwaaɗo

l'auto-partage

rendude oto

la voiture de remorquage

leŋge

la benne à ordures

kamiyooŋ salo

le moteur

moto

l'essence

gaas

la station d'essence

esaaseer

le panneau indicateur

maantorde tali

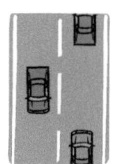

le trafic

tali

l'embouteillage

ɓittugol tali

le parking

darnirde oto

la gare

dartorde teree

les rails

laabi

le train

teree

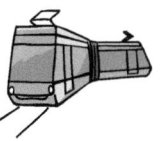

le tramway

taraam

le wagon

nawgol

l'hélicoptère

elikooteer

l'aéroport

aydapoor

la tour

hubeere

le passager

jahoowo

le conteneur

kontaneer

le carton

kees

le chariot

saret

la corbeille

siwo

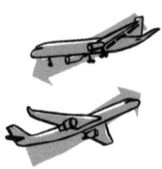

décoller / atterrir

diw / tello

la ville

wuro

le village

saare

le centre-ville

hakkunde wuro

la maison

galle

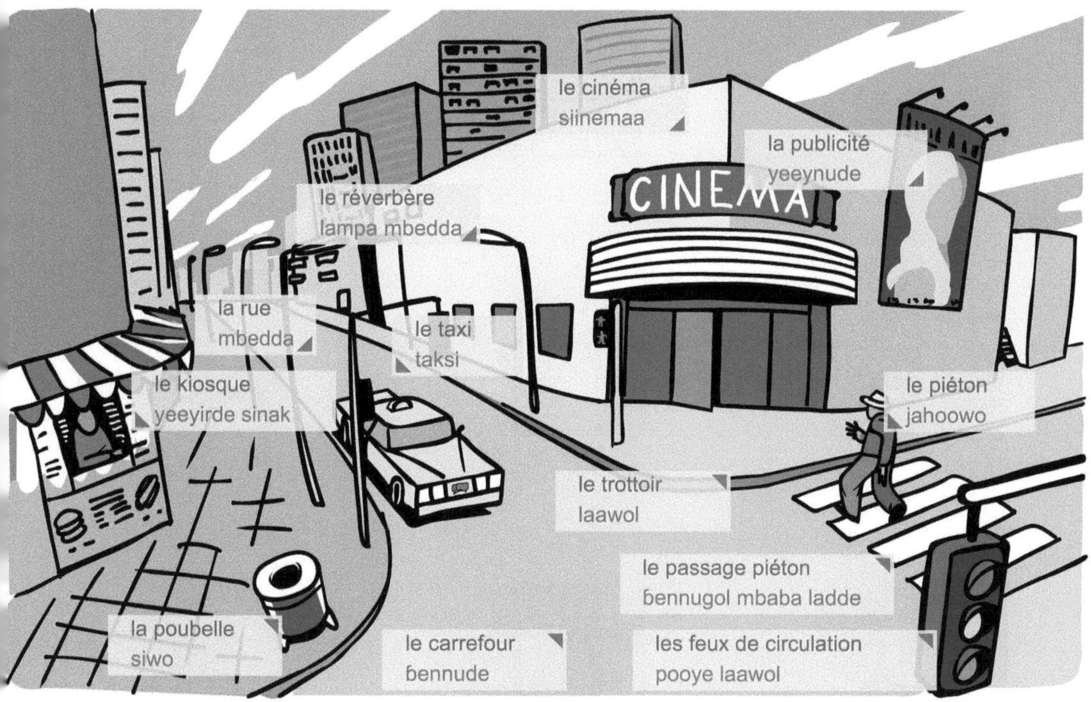

le cinéma
siinemaa

la publicité
yeeynude

le réverbère
lampa mbedda

la rue
mbedda

le taxi
taksi

le kiosque
yeeyirde sinak

le piéton
jahoowo

le trottoir
laawol

le passage piéton
ɓennugol mbaba ladde

la poubelle
siwo

le carrefour
ɓennude

les feux de circulation
pooye laawol

CINEMA

la cabane

tiba

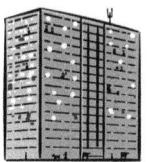

l'appartement

hoɗorde

la gare

dartorde teree

la mairie

meeri

le musée

miise

l'école

duɗal

l'université

jaaɓi haatirde

la banque

baŋke

l'hôpital

safrirdu

l'hôtel

otel

la pharmacie

farmasii

le bureau

gollorde

la librairie

yeeyirde defte

le magasin

yeeyirde

le fleuriste

mo nehoowo leɗɗe

le supermarché

duggere

le marché

jeere

le grand magasin

yeeyirde diiwaan

la poissonnerie

mo gawoowo

le centre commercial

nokku njeeygu

le port

telloorde

le parc
parka

la banque
jooɗorde

le pont
pooŋ

les escaliers
ŋabbirɗe

le métro
les leydi

le tunnel
laawol les

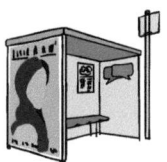

l'arrêt de bus
dartorde biis

le bar
baar

le restaurant
restoraaŋ

la boîte à lettres
suudu posto

le panneau indicateur
maantorde mbedda

le parcmètre
meetorde parka

le zoo
nehirde kulle

le réverbère
pisiin

la mosquée
jumaa

la ferme
....
ngesa

la pollution
....
bonande

la cimetière
....
genaale

l'église
....
ekiliis

l'aire de jeux
....
dingiral

le temple
....
tempele

le paysage

satto

la feuille
ɗerewol

le panneau indicateur
maantogal

le chemin
laawol

le pré
paraad

la pierre
haayre

l'arbre
lekki

le randonneur
diwoowo

la rivière
caangol

l'herbe
huɗo

la fleur
baramlefol

la vallée
fongo

la montagne
tiwaande

le lac
weendu

la forêt
dundu

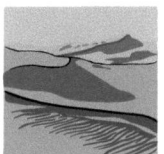

le désert
ladde

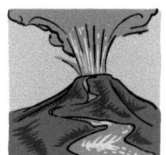

le volcan
wolkaaŋ

le château
hoɗorde

l'arc-en-ciel
timtimol

le champignon
wiiduru gaynaako

le palmier
lekki koko

le moustique
ɓongu

la mouche
diw

les fourmis
ñuuñu

l'abeille
ñaaku

l'araignée
njabala

le coléoptère

karaab

la grenouille

paaɓa

l'écureuil

jiire

le hérisson

nguru paaɓa

le lièvre

wojere

la chouette

hooweere

l'oiseau

ndiwri

le cygne

kankaleewal

le sanglier

fowru

le cerf

lella

l'élan

kooba

le barrage

baaraas

l'éolienne

seɗa hendu

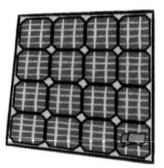

le panneau solaire

mbeɗu naange

le climat

kilimaaŋ

le restaurant
restoraaŋ

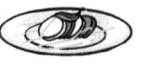

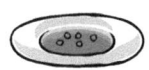

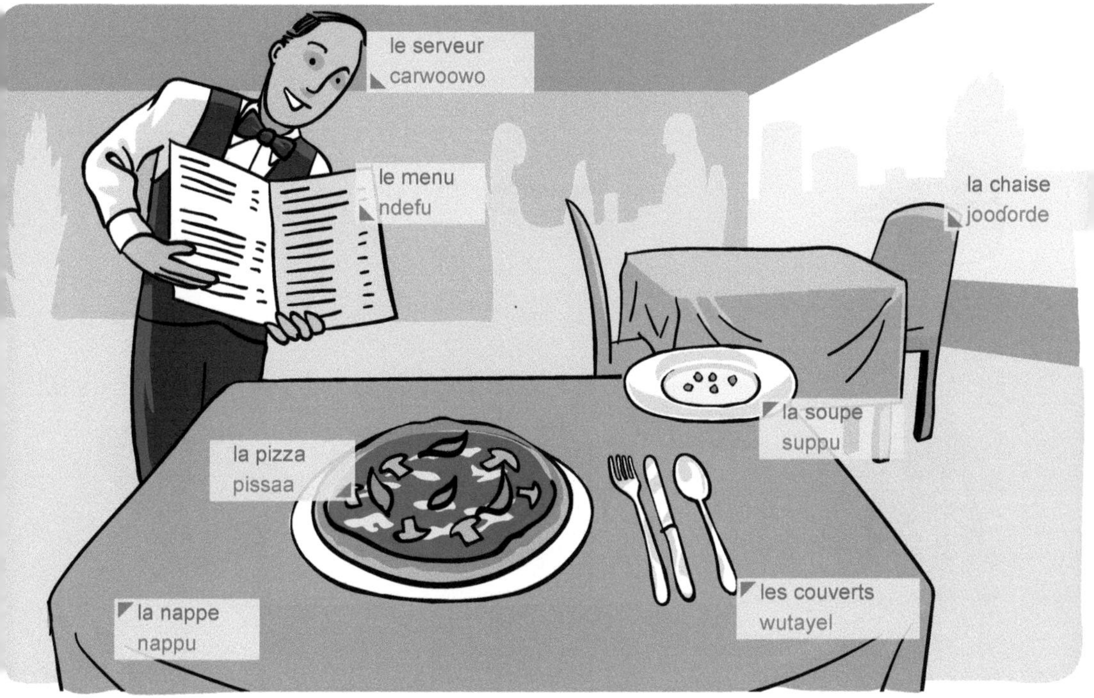
le serveur
carwoowo
le menu
ndefu
la chaise
joodorde
la soupe
suppu
la pizza
pissaa
la nappe
nappu
les couverts
wutayel

les hors d'œuvre

puɗɗorɗo

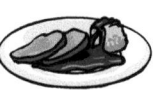

le plat principal

barme mawɗo

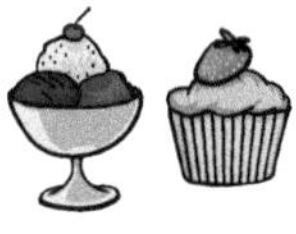

le dessert

deseer

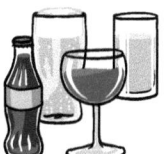

les boissons

njarameeje

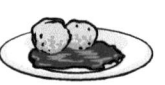

l'alimentation

ñamri

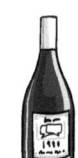

la bouteille

bitel

le fast-food

fastfuut

les plats à emporter

ñaamde mbedda

la théière

pot ataaya

le sucrier

taasa suukara

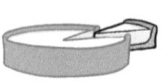

la portion

geɗal

la machine à expresso

masiŋ esperesoo

la chaise haute

jooɗorde toownde

la facture

faktiir

le plateau

terey

le couteau

paaka

la fourchette

fursett

la cuillère

kuddu

la cuillère à thé

kuddu ataaya

la serviette

torsooŋ

le verre

weer

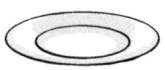

l'assiette

palaat

l'assiette à soupe

palaat suppu

la soucoupe

coosoowo

la sauce

soos

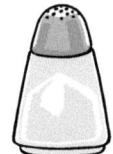

la salière

pot lamɗam

le moulin à poivre

poobaar

le vinaigre

wineegar

l'huile

diwliin

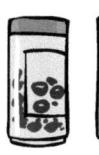

les épices

kaaniije

le ketchup

ketsoop

la moutarde

mutaarde

la mayonnaise

maynees

le supermarché
duggere

l'offre promotionnelle
dokkal teentungal
FOR
le client
coodoowo
les produits laitiers
deftel
les fruits
ɓingel leggal
le chariot
saret

BUTCHERS

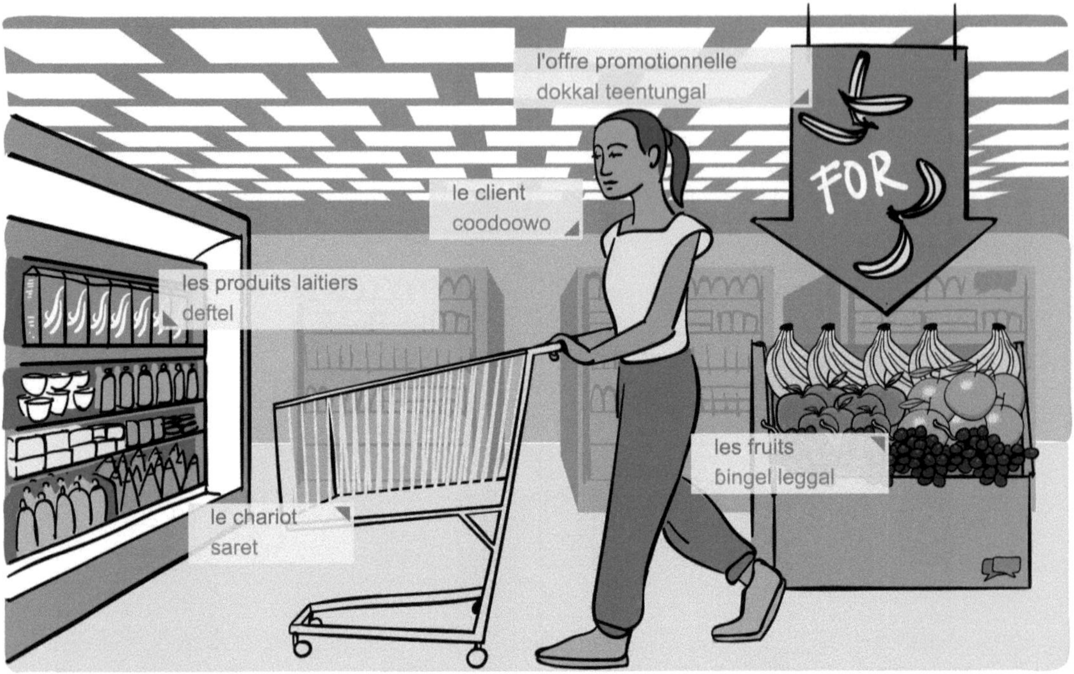

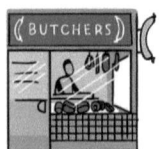

la boucherie

mo jeeyoowo teewu

BAKERY

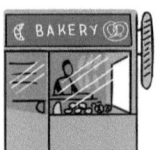

la boulangerie

mo piyoowo mburu

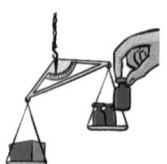

peser

ɓett

les légumes

ɓiɓe leɗɗe

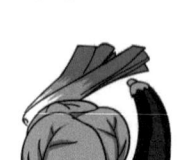

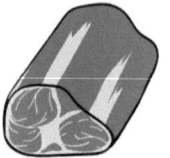

la viande

teewu

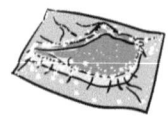

les aliments surgelés

ñamri fendiindi

la charcuterie

teewu ɓuuɓngu

les conserves

ñamri

la poudre à lessive

omo

les bonbons

tangaleeji

les articles ménagers

geɗe galle

les détergents

geɗe labbinooje

la vendeuse

jeeyoowo

la caisse

hippoode

le caissier

ngaluyanke

la liste d'achats

limo soodetee

les heures d'ouverture

waktuuji gudditeeɗi

le portefeuille

kalbe

la carte de crédit

kartal keredii

le sac

saak

le sac en plastique

saak dalli

l'eau

ndiyam

le jus de fruit

sii

le lait

kosam

le coca

Koowk

le vin

sangara

la bière

sangara

l'alcool

alkol

le chocolat chaud

koka

le thé

ataaya

le café

kafe

l'expresso

esperesoo

le cappuccino

kaputsiino

la banane

banaana

la pomme

pomere

l'orange

oraaŋs

le melon

dende

le citron.

limoŋ

la carotte

karott

l'ail

laac

le bambou

bambuu

l'oignon

soblere

le champignon

wiiduru gaynako

les noisettes

gerte

les pâtes

kodde

les spaghetti

espaketii

le riz

maaro

la salade

solaat

les pommes frites

sipse

les pommes de terre rôties

padaas pasnaaɗo

la pizza

pissaa

le hamburger

amburgoor

le sandwich

sandiis

l'escalope

tayre

le jambon

heltinde

le salami

salaami

la saucisse

soosiis

le poulet

gertogal

le rôti

juɗe

le poisson

liingu

les flocons d'avoine

karaw

le muesli

miyesli

les cornflakes

butaali makka

la farine

cafka

le croissant

koraasaŋ

les petits-pains

loocol mburu

le pain

mburu

le pain grillé

mburu

les biscuits

mbiskit

le beurre

boor

le fromage blanc

caakri

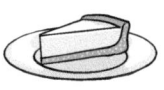

le gâteau

ngato

l'œuf

boofoode

l'œuf au plat

bofoode defaaɗo

le fromage

formaas

la glace

kerem galaas

le sucre

suukara

le miel

njuumri

la confiture

piire

la crème nougat

soosde sokola

le curry

kiri

la ferme

ngesa

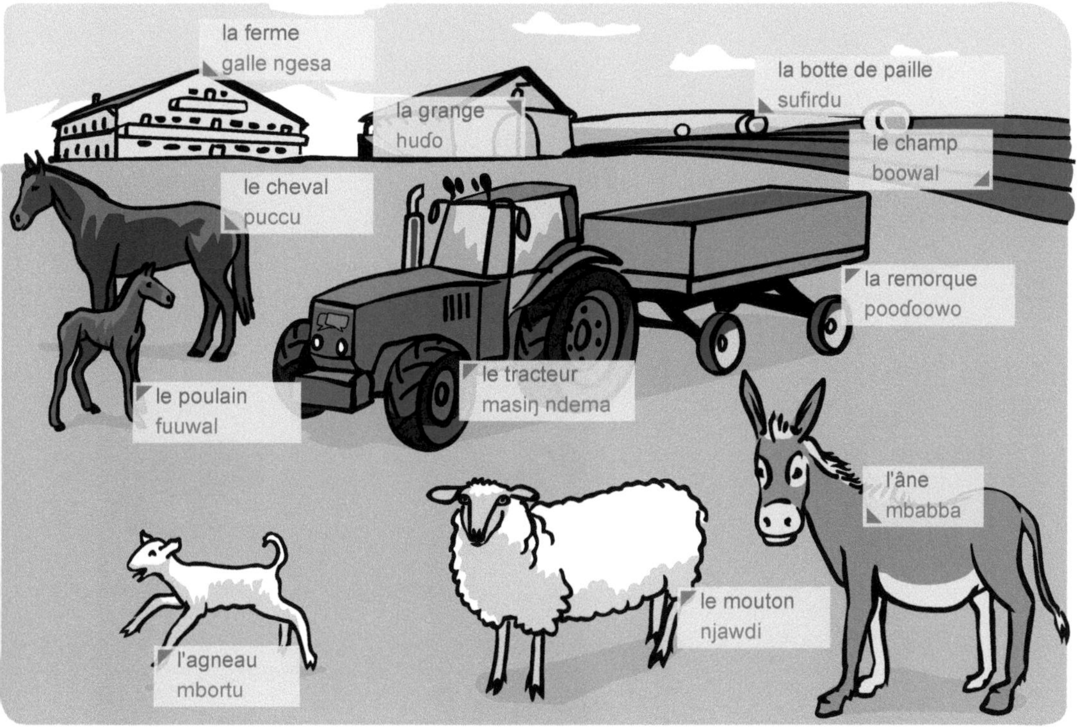

la ferme
galle ngesa
la grange
huɗo
la botte de paille
sufirdu
le champ
boowal
le cheval
puccu
la remorque
pooɗoowo
le tracteur
masiŋ ndema
le poulain
fuuwal
l'âne
mbabba
le mouton
njawdi
l'agneau
mbortu

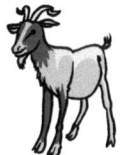

la chèvre

ndamndi

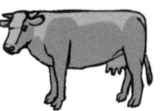

la vache

ngaari

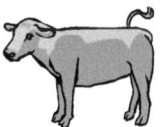

le veau

ñale

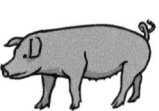

le porc

mbaba tugal

le porcelet

ɓingel tugal

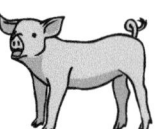

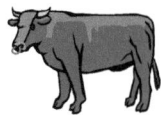

le taureau

ngaari

l'oie

jaawalal

le canard

jaawangal

le poussin

gertogal

la poule

jarlal

le coq

ngori

le rat

doombru

le chat

ulluundu

la souris

dombru

le bœuf

ngaari

le chien

rawaandu

le chenil

suudu rawaandu

le tuyau de jardin

lekki werte

l'arrosoir

bitel ndiyam

la faucheuse

jalo

la charrue

jabbude

la faucille

wafdu

la pioche

caga

la fourche

furset yettirɗo

la hache

jambere

la brouette

burwett

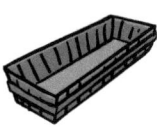

la cuve

jardugal

le pot à lait

bitel kosam

le sac

bonnude

la clôture

heerorde

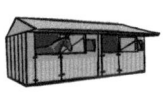

l'étable

dari

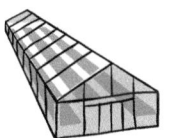

le serre

resofmaaŋ

le sol

leydi

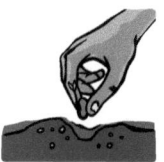

les semences

aawdi

l'engrais

engere

la moissonneuse-batteuse

rendin coñoowo

récolter

soñ

la récolte

coñal

l'igname

ñambi

le blé

ndiyamiri

le soja

soozaa

la pomme de terre

padaas

le maïs

makka

le colza

aawdi adan

l'arbre fruitier

lekki ɓesnooki

le manioc

kasaawa

les céréales

gawri

la maison

galle

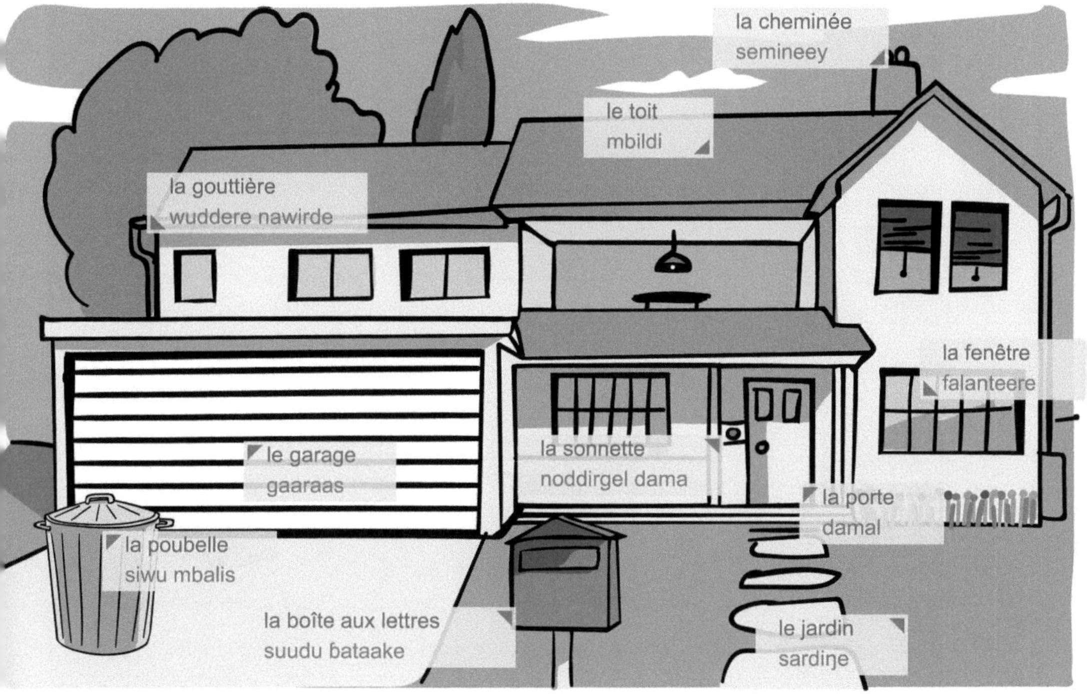

la cheminée
semineey
le toit
mbildi
la gouttière
wuddere nawirde
la fenêtre
falanteere
le garage
gaaraas
la sonnette
noddirgel dama
la porte
damal
la poubelle
siwu mbalis
la boîte aux lettres
suudu ɓataake
le jardin
sardiŋe

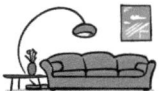

le salon

saal

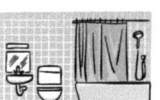

la salle de bain

lootorde

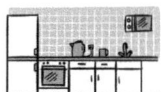

la cuisine

waañ

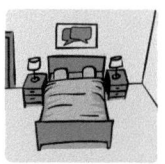

la chambre à coucher

suudu lelteendu

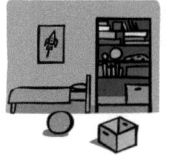

la chambre d'enfant

suudu suka

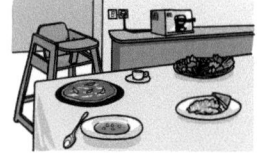

la salle à manger

suudu hirtordu

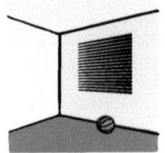

le sol

leydi

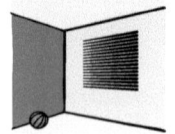

le mur

miir

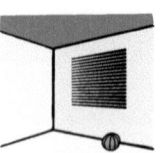

le plafond

dira

la cave

masiŋel

le sauna

soona

le balcon

balkooŋ

la terrasse

teeraas

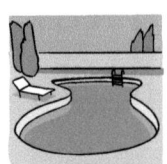

la piscine

pisin

la tondeuse à gazon

tondoos

la housse

kaayit

la couette

mbertanteeri

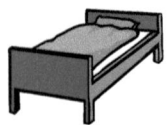

le lit

lelnde

le balai

pittirɗe

le sceau

siwoo

l'interrupteur

waylu

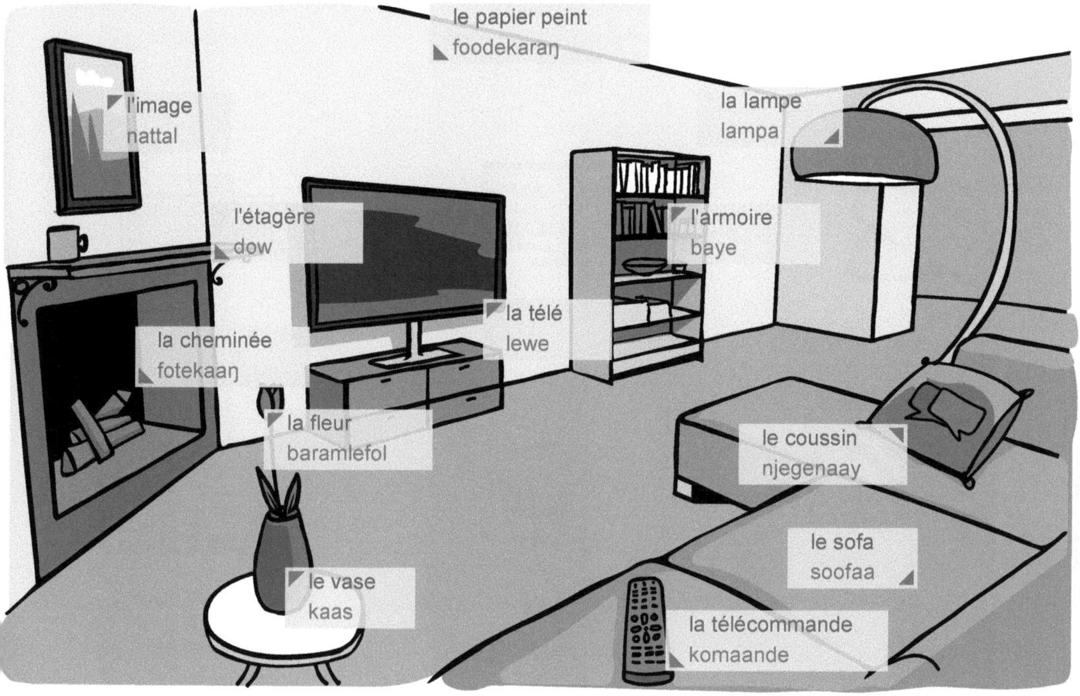

le papier peint
foodekaraŋ

l'image
nattal

la lampe
lampa

l'étagère
dow

l'armoire
baye

la cheminée
fotekaaŋ

la télé
lewe

la fleur
baramlefol

le coussin
njegenaay

le vase
kaas

le sofa
soofaa

la télécommande
komaande

le tapis	le rideau	la table
	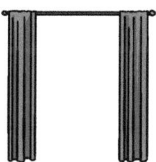	
tappi	rido	taabal

la chaise	la chaise à bascule	le fauteuil

jooɗorde	jooɗorde timmunde	tuggorde

le livre

deftere

la couverture

suddaare

la décoration

cinki

le bois de chauffage

docotal

le film

filmo

la chaîne hi-fi

kuutorɗe hi-fi

la clé

caabi

le journal

jaaynde

la peinture

pentiirde

le poster

posteer

la radio

haalirde

le bloc-notes

deftel mooftirgel

l'aspirateur

ŋabbude

le cactus

siwo lekki

la bougie

sondel

la cuisine
waañ

le réfrigérateur
firigo
le four à micro-ondes
defirdu mikoronde
la balance de cuisine
bacce waañ
le grille-pain
badoowo towste
le détergent
labbinoowo
le four
waañ
le compartiment congélateur
buubnirde
la poubelle
siwu mbalis
le lave-vaisselle
lawÿoowo kaake

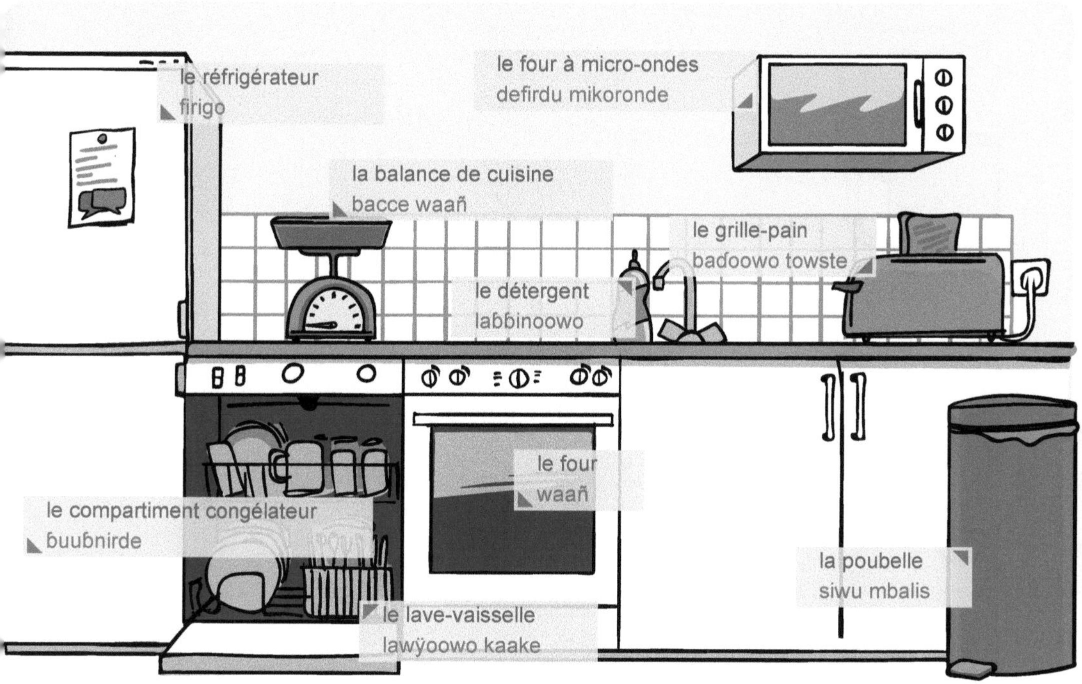

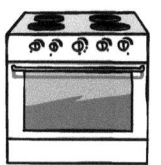

le four
defoowo

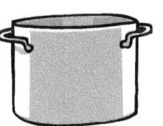

la casserole
pot

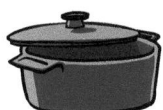

la marmite
pot baddo njamdi

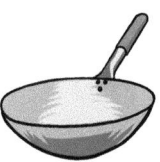

le wok / kadai
lehel

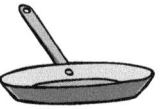

la poêle
lahal

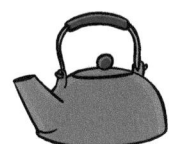

la bouilloire electrique
baraade

le cuiseur vapeur

gulnoowo

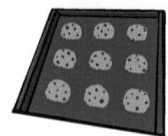

la plaque de cuisson

fuur cumirɗo

la vaisselle

wiisirde

le gobelet

kaas

la coupe

taasa

les baguettes

bakett

la louche

heɗirde

la spatule

kuundal

le fouet

burgal

la passoire

gulnirɗo

le tamis

pool

la râpe

koosoowo

le mortier

wowru

le barbecue

njuɗu

la cheminée

lewlewndu

la cuisine - waañ

la planche à découper

alluwal tayirgal

le rouleau à pâtisserie

dullirgal

le tire-bouchon

tenaay

la boîte

potyel

l'ouvre-boîte

udditirɗo potyel

les maniques

jaggoowo pot

le lavabo

lawÿirde

la brosse

borisde

l'éponge

epoos

le mixeur

jiiɓoowo

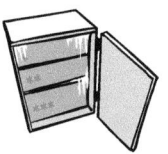

le congélateur

firigo juutɗo

le biberon

bitel tiggu

le robinet

robine

la salle de bain

lootorde

le chauffage
wulnude
la serviette
sarbet
la douche
ɓuftogol
le rideau de douche
rido ɓuftorde
le bain moussant
sumbu lootorɗo
la baignoire
nokku lootorɗo
le verre
weer
la machine à laver
masiŋ guppirɗo
le robinet
robine
le carrelage
biifi
le pot
woppirde
le lavabo
lawƴirde

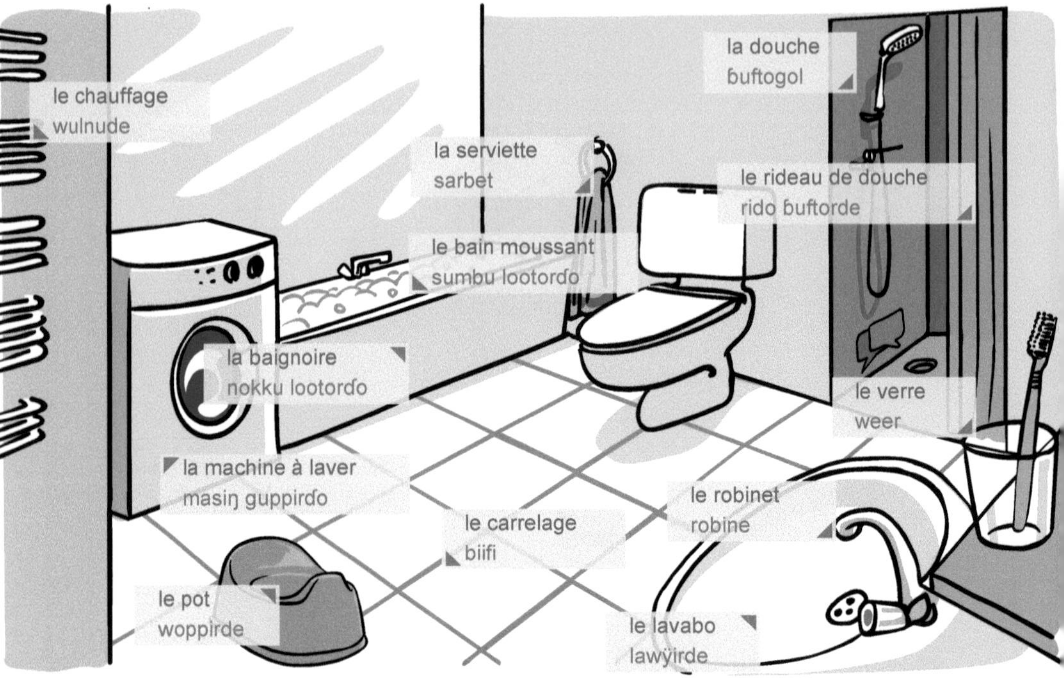

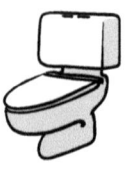

les toilettes

heblorde

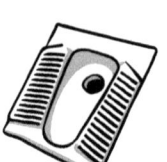

la toilette à la turque

yaltirde les

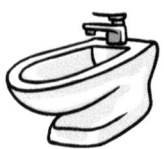

le bidet

yaltirde

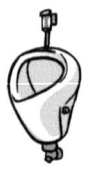

l'urinoir

soofirde

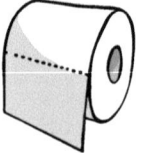

le papier toilette

kaayit heblorde

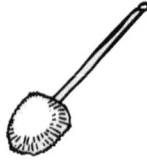

la brosse à toilette

boros heblorde

la brosse à dents

boros ñiiÿe

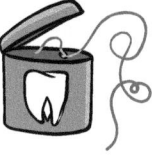

le dentifrice

pat cocorɗo

le fil dentaire

cocorgal

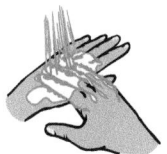

laver

lawyu

la douche manuelle

buftorde jungo

la douche intime

jampe

la vasque

taasa

la brosse dorsale

boros keeci

le savon

saabunde

le gel douche

nebam buftorde

le shampooing

sampoye

le gant de toilette

lootogel

l'écoulement

yupude

la crème

mileen

le déodorant

lati

le miroir

daarogal

le miroir cosmétique

daarogal jungo

le rasoir

rasuwaar

la mousse à raser

sumbu pemborɗo

l'après-rasage

lallitirde

la peigne

koomu

la brosse

boros

le sèche-cheveux

yoorno hoore

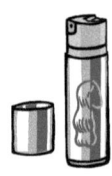

la laque pour cheveux

uurna hoore

le fond de teint

makiyaas

le rouge à lèvres

lippo

le vernis à ongles

emaaye segene

l'ouate

wiro

le coupe-ongles

sisooje segene

le parfum

parfooŋ

la trousse de toilette

saawdu lawyirdu

le tabouret

kuudi

le pèse-personne

bacce ɓetirde

le peignoir

wutte lootorɗo

les gants de nettoyage

kawaseeje dalli

le tampon

tampooŋ

les serviettes hygiéniques

sarbet laɓɓinoorɗo

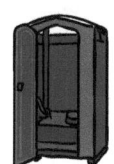

la toilette chimique

lootogol cellungol

la chambre d'enfant

suudu suka

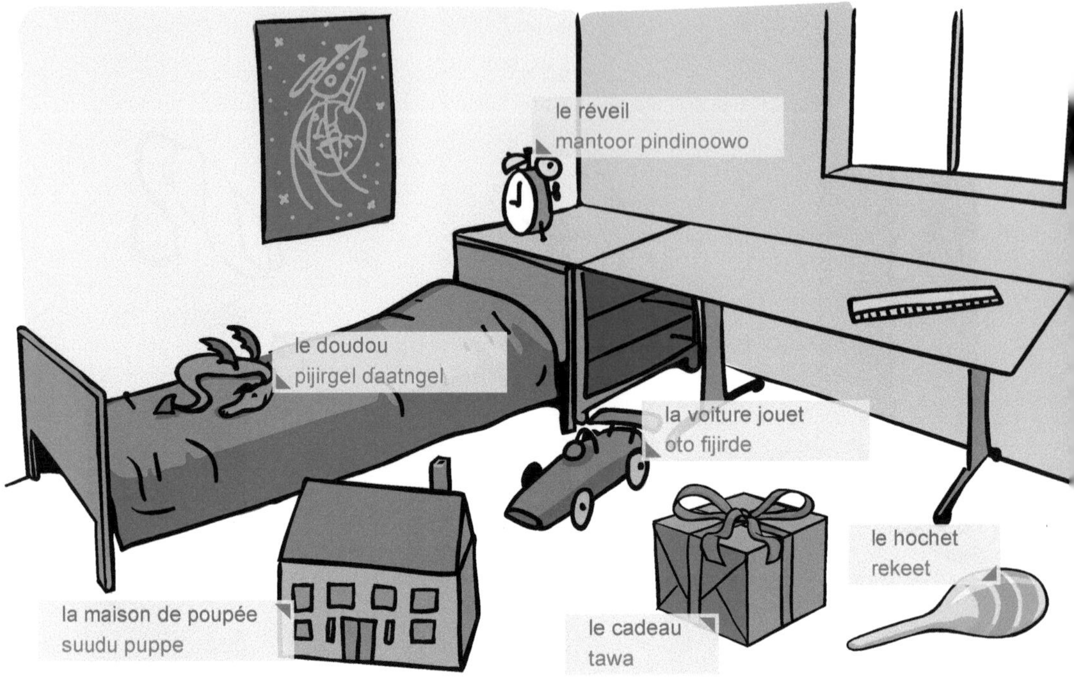

le réveil
mantoor pindinoowo
le doudou
pijirgel ɗaatngel
la voiture jouet
oto fijirde
le hochet
rekeet
la maison de poupée
suudu puppe
le cadeau
tawa

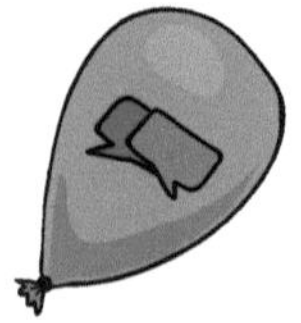

le ballon

baloon

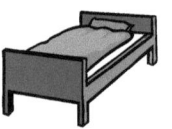

le lit

lelnde

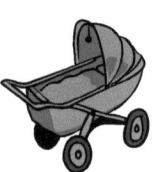

la poussette

puus puus

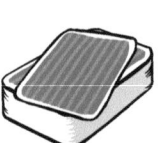

le jeu de cartes

taabal karte

le puzzle

juwirgal

SUPER
MEGA

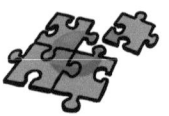

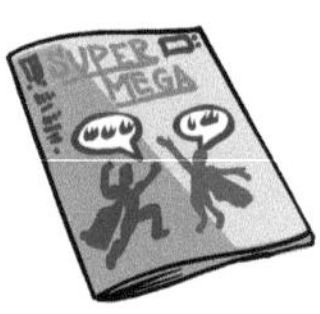

la bande dessinée

jalnii

les pièces lego

tuufeeje lego

les blocs de construction

kaaÿe maadi

la figurine

pijirgel suka

la grenouillère

wutte suka

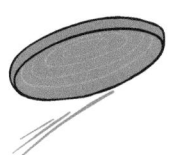

le frisbee

mbiifu

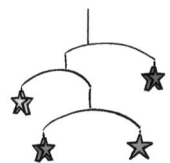

le mobile

noddirgel

le jeu de société

fijirde alluwal

le dé

dee

le train miniature

tereŋ jahiroowo batiri

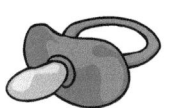

la sucette

daaydo

la fête

hiirde

le livre d'images

deftere natte

la balle

bal

la poupée

puppe

jouer

fij

le bac à sable

ngaska leydi

la balançoire

yirlude

les jouets

pijirɗe

la console de jeu

fijirde widoo peley

le tricycle

biifi tati

l'ours en peluche

uluundu pijirgel

l'armoire

woliis

les vêtements

boornogol

les chaussettes

kawaseeje

les bas

baardinirɗi

le collant

dogirɗi

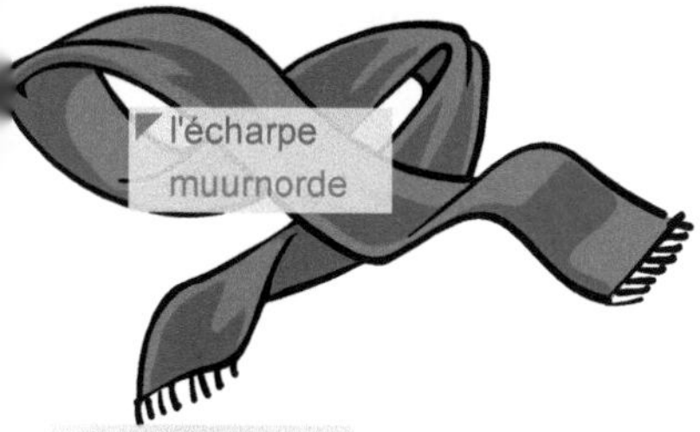

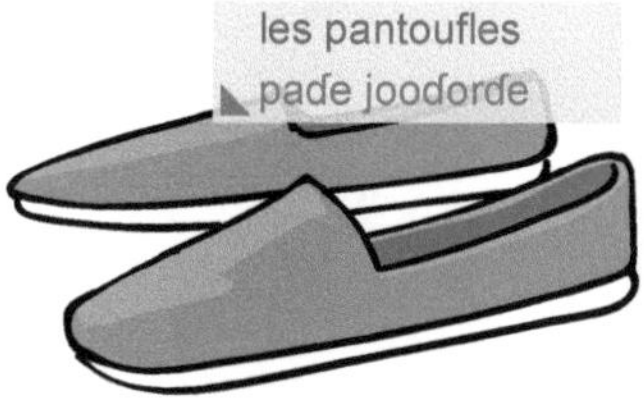

l'écharpe
muurnorde

le parapluie
paraseewal

le t-shirt
tiset

la ceinture
dadorde

les bottes
bataaje

les pantoufles
pade joodorde

les baskets
dogirde

les sandales
caraax

les chaussures
pade

les bottes de caoutchouc
bataaje dalli

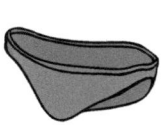

les sous-vêtements
cakkirdi

le soutien-gorge
site ŋoos

le maillot de corps
weste

le body

ɓandu

le pantalon

tuuba

le jean

jiin

la jupe

sippu

le chemisier

buluus

la chemise

wuttel

le pull

piliweer

le sweat à capuche

njallaaba

la veste

balaseer suka

la veste

jakett

le manteau

sabandoor

l'imperméable

wutte toɓo

le costume

kossim

la robe

robbo

la robe de mariée

wutte cuddungu

le costume

cakkirɗo

la chemise de nuit

robbo baalduɗo

le pyjama

baaluɗi

le sari

sari

le foulard

fiilorde

le turban

kaala

la burqa

misoor

le caftan

haftan

l'abaya

abaaye

le maillot de bain

lumborɗo

le maillot de bain

leɗɗe

le short

kilooti

la tenue d'entraînement

dewirɗi

le tablier

aparooŋ

les gants

kawase

le bouton
nebbu

les lunettes
lone

le bracelet
jawo

le collier
cakka

la bague
feggere

la boucle d'oreille
hootonde

le bonnet
laafa

le cintre
jaggirgal sabandoor

le chapeau
kufna

la cravate
karwaat

la fermeture éclair
korsude

le casque
tengaade

les bretelles
jawe

l'uniforme scolaire
wutte jaɲirɗo

l'uniforme
dadorɗo

le bavoir

nappu suka

la sucette

ɗaayɗo

la lange

fooftini

le bureau
gollorde

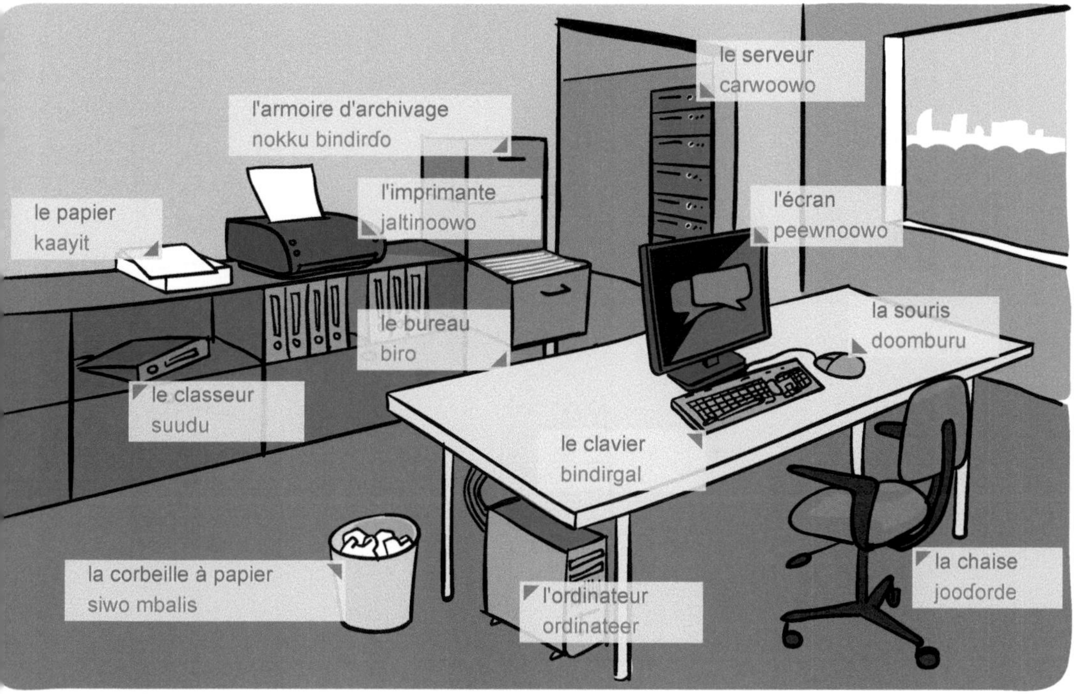

le serveur
carwoowo

l'armoire d'archivage
nokku bindirɗo

l'imprimante
jaltinoowo

l'écran
peewnoowo

le papier
kaayit

le bureau
biro

la souris
doomburu

le classeur
suudu

le clavier
bindirgal

la corbeille à papier
siwo mbalis

la chaise
joodorde

l'ordinateur
ordinateer

la tasse de café

koppu kafe

la calculatrice

tongirde

l'internet

enternet

l'ordinateur portable

ordinateer

la lettre

bataake kaayit

le message

bataake

le portable

noddirgel

le réseau

jokkondiral

la photocopieuse

nandinoowo

le logiciel

kuutorgel

le téléphone

noddirgel

la prise

piriis

le fax

masiŋ faksii

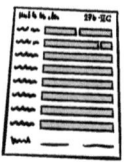

le formulaire

sifaa

le document

kaayit

acheter

sood

payer

yoƀ

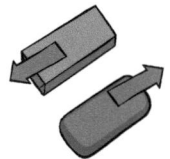

faire du commerce

yeey

la monnaie

kaalis

le dollar

dolaar

l'euro

oro

le yen

yeen

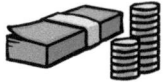

le rouble

ruubal

le franc suisse

siiwis farayse

le renminbi yuan

yuwaan renminbi

la roupie

ruppii

le distributeur automatique

nokku ngalu

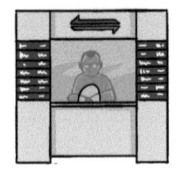

le bureau de change

nokku beccirɗo

l'or

kaŋe

l'argent

kaalis

le pétrole

peteroŋ

l'énergie

doole

le prix

coggu

le contrat

jokkondiral

la taxe

lempo

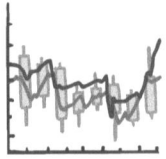

l'action

jeyii

travailler

liggo

l'employé

liggotooɗo

l'employeur

ligginoowo

l'usine

isin

le magasin

yeeyirde

les professions
golle

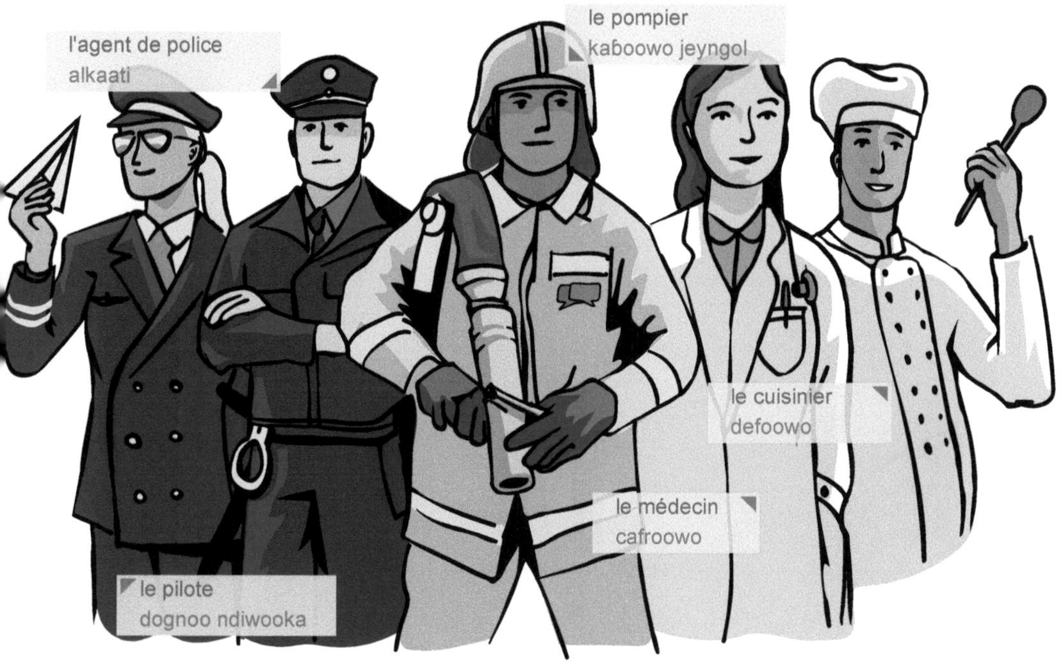
le pompier
kaɓoowo jeyngol
l'agent de police
alkaati
le cuisinier
defoowo
le médecin
cafroowo
le pilote
dognoo ndiwooka

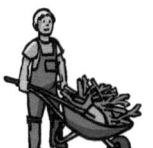

le jardinier

mooftoowo

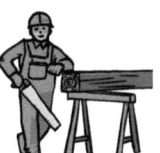

le menuisier

meniise

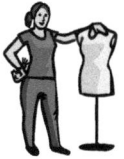

la couturière

gawoowo debbo

le juge

ñaawoowo

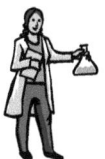

le chimiste

simiyanke

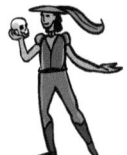

l'acteur

aktoor

le conducteur de bus

diirnoowo biis

le chauffeur de taxi

diirnoowo taksi

le pêcheur

gawoowo

la femme de ménage

debbo pittoowo

le couvreur

biloowo

le serveur

carwoowo

le chasseur

baañoowo

le peintre

diidoowo

le boulanger

piyoo mburu

l'électricien

peewnoo jeyngol

l'ouvrier

mahoowo

l'ingénieur

eseñoor

le boucher

buusee

le plombier

polombiyee

le facteur

neɗɗo posto

le soldat

soldaat

l'architecte

arsitekte

le caissier

ngaluyanke

le fleuriste

ledɗeyanke

le coiffeur

mooroowo

le contrôleur

diirnoowo

le mécanicien

peenoowo jamɗe

le capitaine

gardiiɗo

le dentiste

safroowo ñiiÿe

le scientifique

gando

le rabbin

babbiin

l'imam

almaami

le moine

muwaan

le prêtre

neɗɗo alla

les professions - golle

55

les outils
kuutorɗe

le marteau
maartoo
les pinces
kofooje
le tournevis
tuurnawiis
la clé
tayoowo
la torche
torsoo

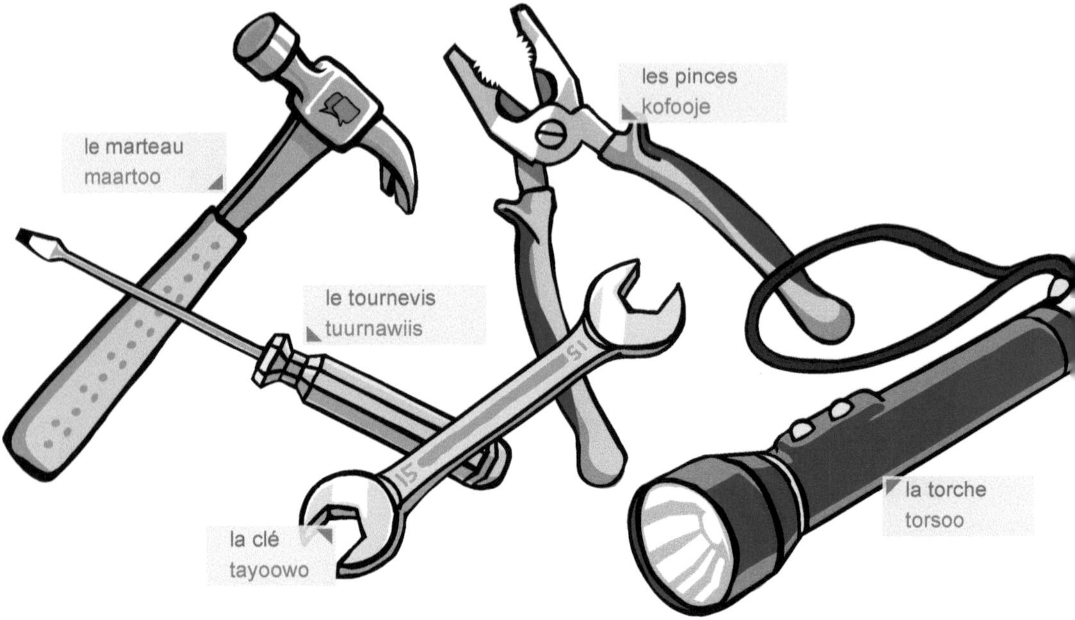

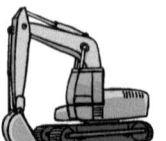

la pelleteuse

ngasirdi

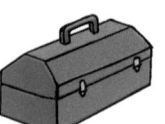

la boîte à outils

suudu kuutorɗe

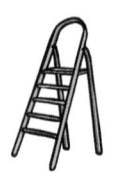

l'échelle

seel

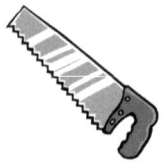

la scie

siiy

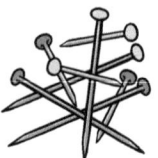

les clous

pontooje

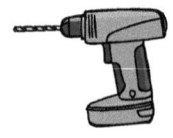

la perceuse

yuwirde

réparer	la pelle	Mince !
feewnit	nokkirde	sooot

la pelle	le pot de peinture	les vis
peel	pot diidirɗo	wiisuuji

les instruments de musique
pijirɗe

le haut-parleurs
nikoro

la batterie
buuba

la guitare
gitaar

la contrebasse
dubal baas

la trompette
allaadu

le piano

piyaano

le violon

ñaañooru

la basse

baas

les timbales

timpaan

le tambour

bawɗi

le piano électrique

bindirgal

le saxophone

saksofooŋ

la flûte

coolumbel

le microphone

haaldude

l'entrée
naatirde

le tigre
cewngu

la cage
sabbunde

le zèbre
mbabba ladde

l'alimentation animale
ñamri kulle

le panda
pandaa

les animaux
kulle

l'éléphant
ñiiwa

le kangourou
kanguruu

le rhinocéros
liwoongu

le gorille
waandu

l'ours
fowru

le chameau

ngelooba

l'autruche

jaawagal

le lion

mbaroodi

le singe

golo

le flamand rose

ñaarpural

le perroquet

seku

l'ours polaire

fowru nees

le pingouin

peŋwee

le requin

reke

le paon

ngoriyal

le serpent

mboddi

le crocodile

nooro

le gardien de zoo

deenoowo kulle

le phoque

liingu

le jaguar

cewngu

le poney

molel puccu

le léopard

cewlu

l'hippopotame

ngabu

la girafe

ñamala

l'aigle

ciilal

le sanglier

fowru

le poisson

liingu

la tortue

heende

le morse

morsee

le renard

daga

la gazelle

lella

l'american Football
fugu koyngel Amarik

le cyclisme
welo

le tennis
teniis

le basket-ball
basket

la natation
lumbaade

la boxe
bokse

le hockey sur glace
okey e galaas

le football

fugu koyngel

le badminton

badminton

l'athlétisme

dogduuji

le handball

fugu jungo

le ski

eskiiy

le polo

polo

les activités

golle

sauter
diw
embrasser
uurno
rire
jal
marcher
yah
chanter
yim
rêver
hoyɗu
prier
juul
faire la bise
ɓuuco

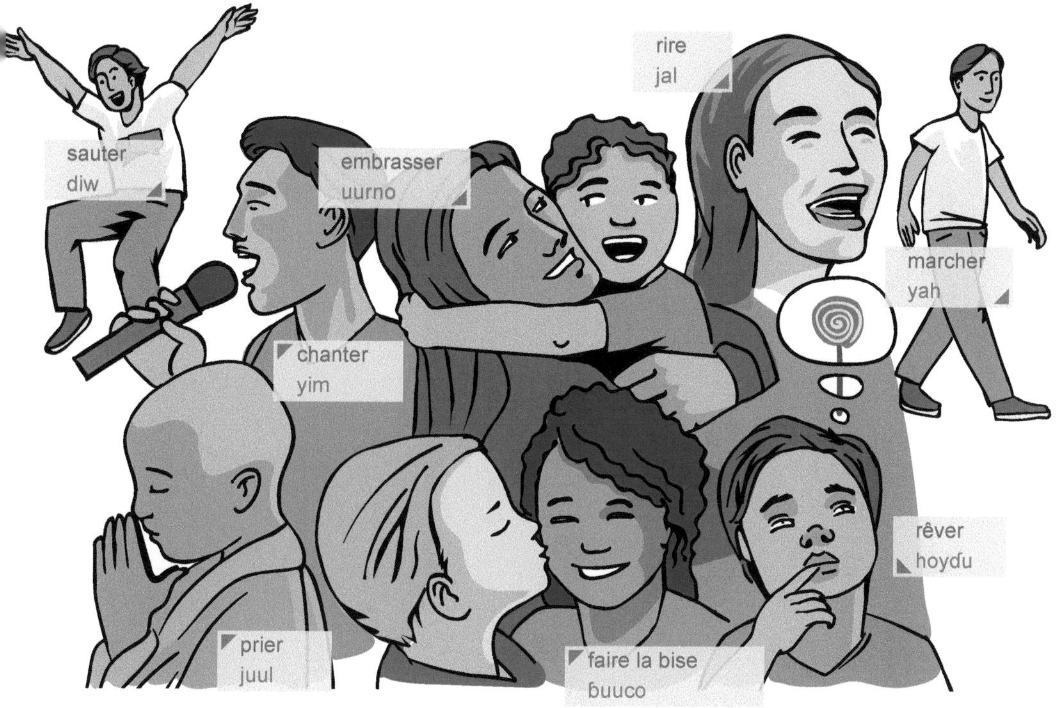

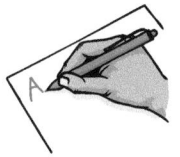

écrire

windu

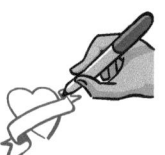

dessiner

diid

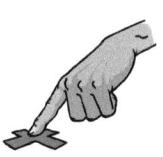

montrer

hollu

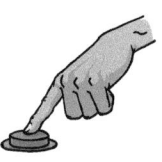

pousser

duñ

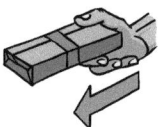

donner

rokku

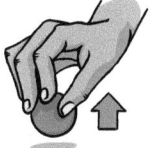

prendre

naw

avoir

jogo

faire

waɗ

être

won

être debout

daro

courir

dog

trier

ittu

jeter

weddo

tomber

yan

être couché

fen

attendre

fad

porter

naw

être assis

jooɗo

s'habiller

ɓoorno

dormir

ɗaano

se réveiller

finn

regarder

ndaar

pleurer

woy

caresser

fiiy

peigner

koomu

parler

haal

comprendre

faam

demander

naamdo

écouter

hetto

boire

yar

manger

ñaam

ranger

haɓɓu

aimer

yiɗ

cuire

def

conduire

diirnu

voler

diw

faire de la voile
awyu

calculer
lim

lire
jangu

apprendre
jangu

travailler
liggo

se marier
res

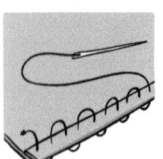

coudre
aaw

brosser les dents
boris ñiiÿe

tuer
war

fumer
simmo

envoyer
neldu

la famille

ɓesngu

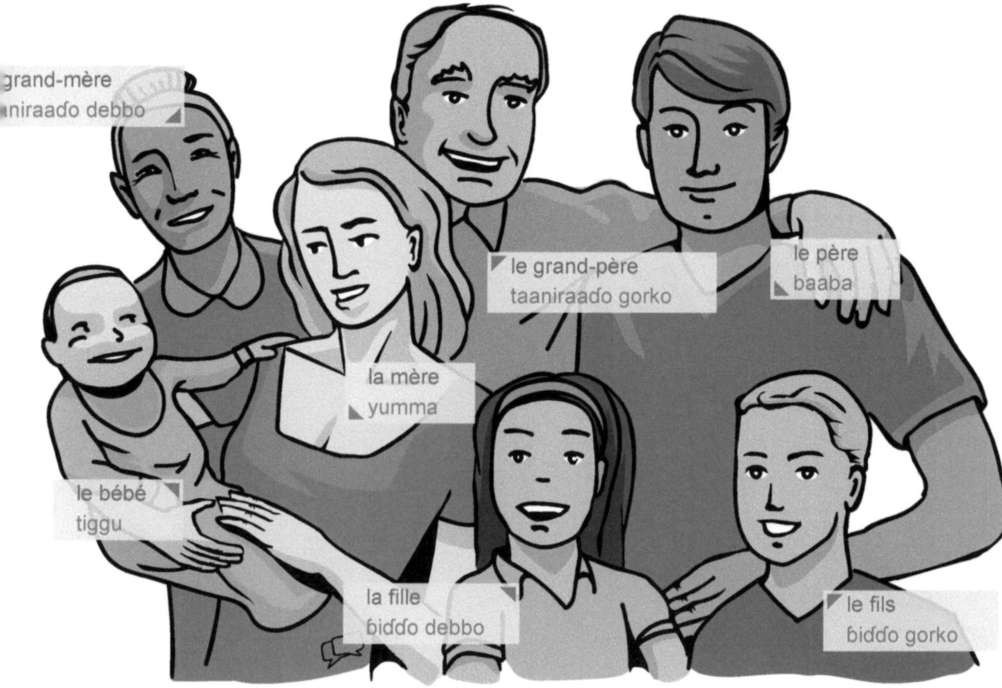

grand-mère
niraaɗo debbo
le grand-père
taaniraaɗo gorko
le père
baaba
la mère
yumma
le bébé
tiggu
la fille
ɓiɗɗo debbo
le fils
ɓiɗɗo gorko

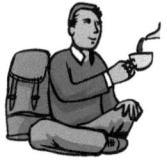

l'hôte

koɗo

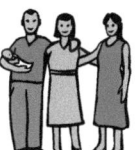

la tante

gogo

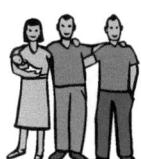

l'oncle

kaawiraaɗo

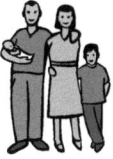

le frère

mawniraaɗo gorko

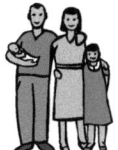

la sœur

mawniraaɗo debbo

le corps
ɓandu

le front
tiinde
l'œil
yitere
l'épaule
walabo
le doigt
feɗeendu
le visage
yeeso
le menton
waare
la main
jungo
la jambe
korlal
la poitrine
endu
le bras
jungo

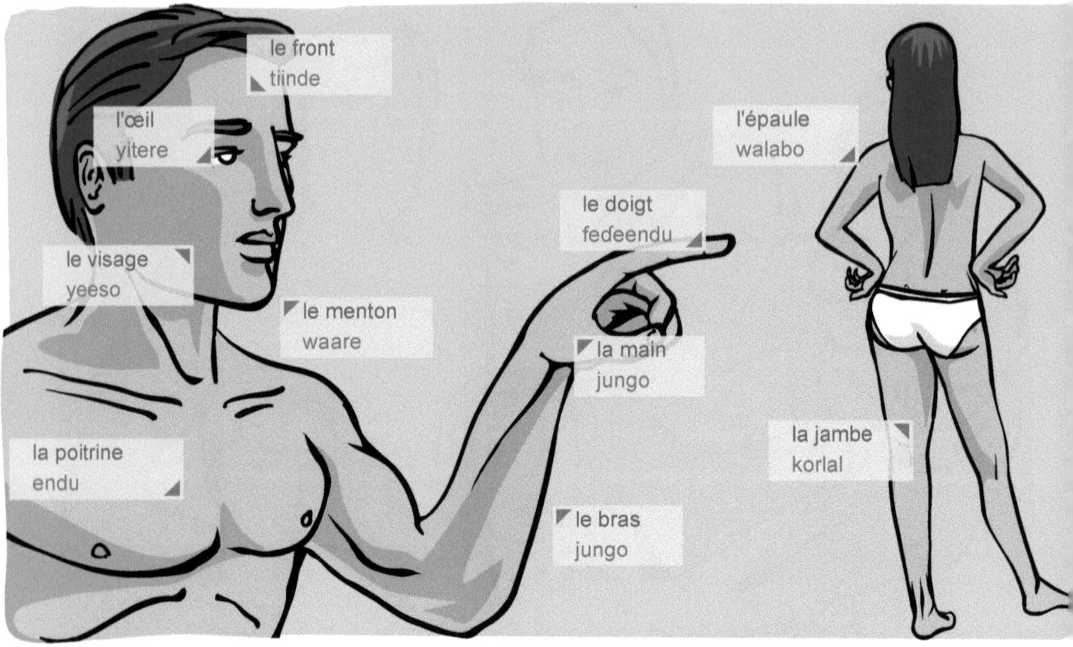

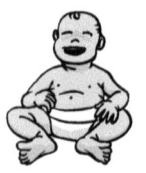

le bébé
tiggu

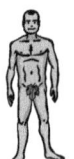

l'homme
gorko

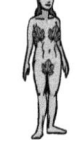

la femme
debbo

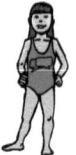

la fille
debbo

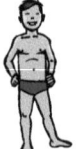

le garçon
gorko

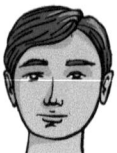

la tête
hoore

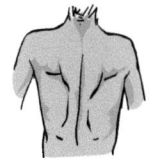

le dos

keeci

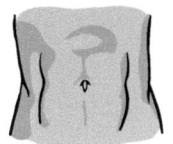

le ventre

reedu

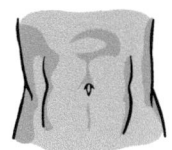

le nombril

wudduru

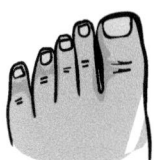

l'orteil

feɗeendu

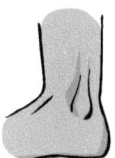

le talon

njaaɓordi

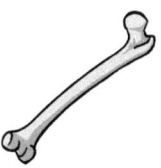

l'os

ÿiyal

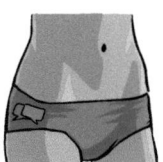

la hanche

buhal

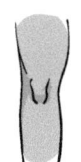

le genou

hofru

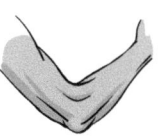

le coude

fooŋturu

le nez

hinere

les fesses

gaɗa

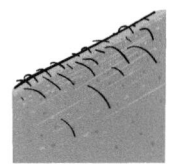

la peau

nguru

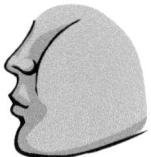

la joue

aɓɓuko

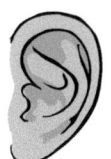

l'oreille

nofru

la lèvre

tondu

le corps - ɓandu

la bouche

hunuko

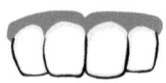

la dent

ñiire

la langue

ɗemngal

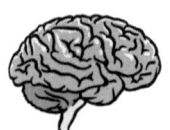

le cerveau

ngaandi

le cœur

ɓernde

le muscle

ÿiye

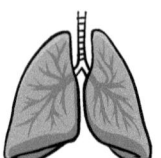

les poumons

jofe

le foie

heeñere

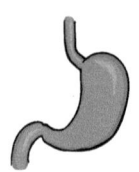

l'estomac

kuuse

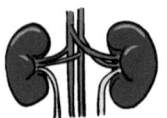

les reins

booÿe

le rapport sexuel

leldaade

le préservatif

kawasal

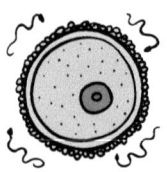

l'ovule

ɓoccoonde

le sperme

maniiyu

la grossesse

cowagol

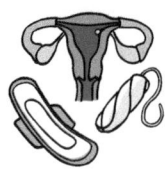

la menstruation
....
ella

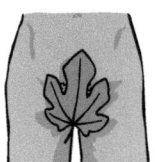

le vagin
....
kottu

le pénis
....
soolde

le sourcil
....
leeɓol yitere

les cheveux
....
sukundu

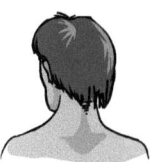

le cou
....
daande

l'hôpital
safrirdu

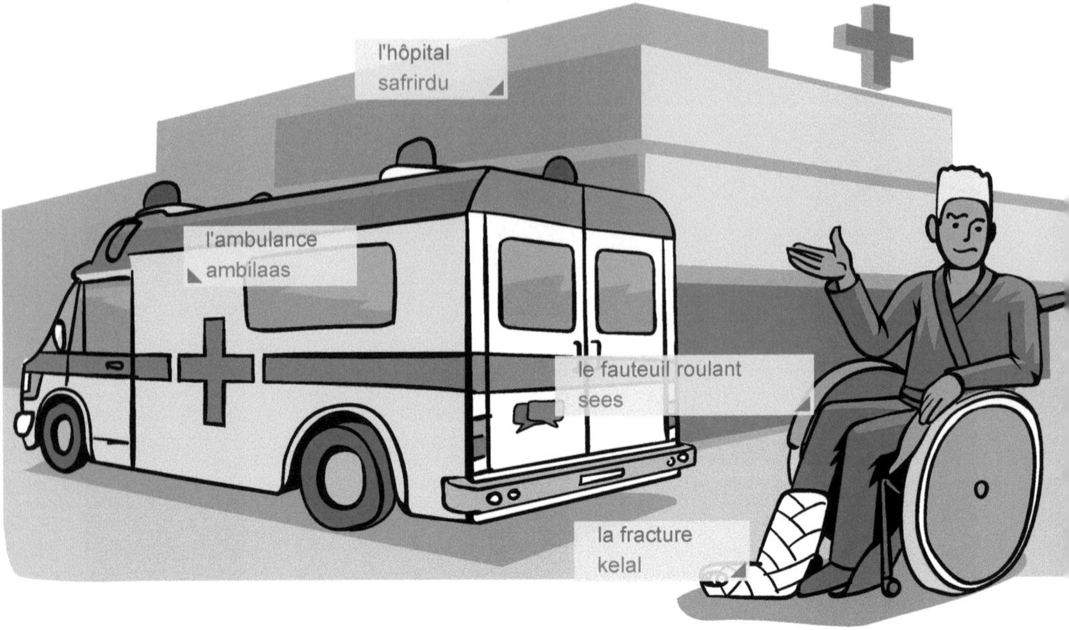

l'hôpital
safrirdu
l'ambulance
ambilaas
le fauteuil roulant
sees
la fracture
kelal

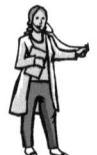

le médecin

cafroowo

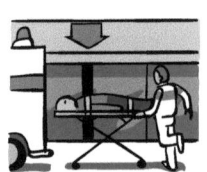

le service des urgences

suudu heñaare

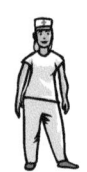

l'infirmière

debbo cafroowo

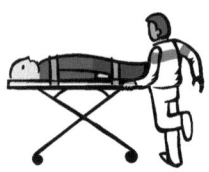

l'urgence

heñorde

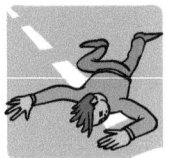

inconscient

wondaane hakkile

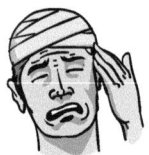

la douleur

muuseeki

la blessure

gaañande

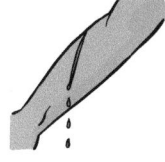

l'hémorragie

tuɗde ÿiiÿam

la crise cardiaque

muuseeki ɓernde

l'attaque cérébrale

piigol

l'allergie

nefo

la toux

ɗojjude

la fièvre

ɓandu wulooru

la grippe

pali

la diarrhée

ndogu reedu

le mal de tête

hoore muusoore

le cancer

kaaseer

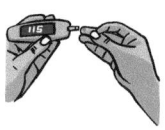

le diabète

jabett

le chirurgien

oppiroowo

le scalpel

jaggirdi

l'opération

oppeere

le CT

CT

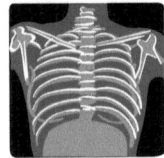

la radiographie

buuɗi x

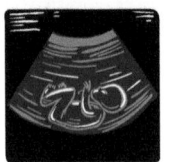

l'échographie

iltarasooŋ

le masque

huurirdu yeeso

la maladie

rafi

la salle d'attente

heblorde

la béquille

beeke

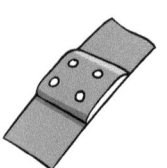

le pansement

tabak

le pansement

bandaas

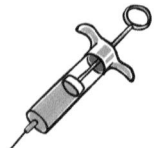

l'injection

pinggu

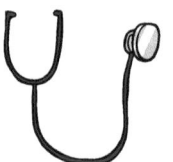

le stéthoscope

estetoskop

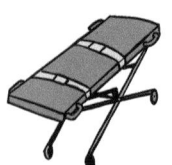

le brancard

pooɗoowo

le thermomètre

termomeeter safrirdu

l'accouchement

jibinande

la surcharge pondérale

ɓuttiɗgol

l'appareil auditif

ballal nanirɗe

le désinfectant

labɓinoowo

l'infection

raaɓo

le virus

wiriis

le VIH / le sida

SIDAA

le médicament

lekki

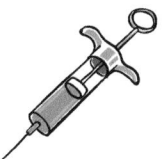

la vaccination

ñakko

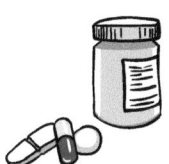

les comprimés

poɗɗe

la pilule

foɗɗere

l'appel d'urgence

noddaango heñiingo

le tensiomètre

ÿeewtorde yaadu ÿiiyam

malade / sain

faawŋi / selli

Au secours !

Ballal

l'alarme

pindinoowo

l'assaut

njangu

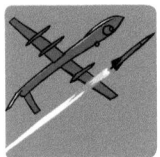

l'attaque

raaŋande

le danger

boomre

la sortie de secours

yaltirde yaawnde

Au feu!

Jeyngol

l'extincteur

ñifoowo jeyngol

l'accident

aksida

la trousse de premier
secours

saawdu safaara gadano

SOS

SOS

la police

poliis

l'Europe

Orop

l'Amérique du Nord

Amarik Rewo

l'Amérique du Sud

Amarik Worgo

l'Afrique

Afirik

l'Asie

Aasi

l'Australie

Ostaraali

l'Océan atlantique

Atalantik

l'Océan pacifique

Pasifik

l'Océan indien

Maayo Endo

l'Océan antarctique

Maayo Antarkatik

l'Océan arctique

Maayo Arkatik

le Pôle nord

Baŋe Rewo

le Pôle sud

Baŋe Worgo

l'Antarctique

Antarkatik

la terre

Leydi

le pays

leydi

la mer

maayo

l'île

siire

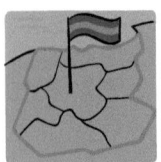

la nation

wuro

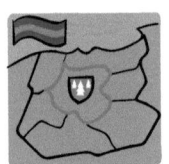

l'état

laamu

le cadran

yeeso waktu

l'aiguille des heures

jungo waktu

l'aiguille des minutes

jungo hojoma

l'aiguille des secondes

jungo majaango

Quelle heure est-il ?

hol waktu?

le jour

ñalawma

le temps

saha

maintenant

jooni

la montre digitale

mantoor nattoowo

la minute

hojoma

l'heure

waktu

la semaine

yontere

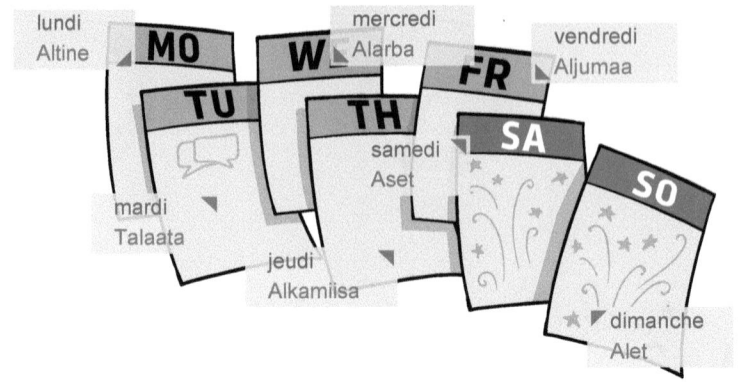

lundi
Altine

mardi
Talaata

mercredi
Alarba

jeudi
Alkamiisa

vendredi
Aljumaa

samedi
Aset

dimanche
Alet

hier

hanki

aujourd'hui

hande

demain

jango

le matin

subaka

le midi

ñalawma

le soir

kikiiđe

MO	TU	WE	TH	FR	SA	SU
1	2	3	4	5	6	7
8	9	10	11	12	13	14
15	16	17	18	19	20	21
22	23	24	25	26	27	28
29	30	31	1	2	3	4

les jours ouvrables

biir

MO	TU	WE	TH	FR	SA	SU
1	2	3	4	5	6	7
8	9	10	11	12	13	14
15	16	17	18	19	20	21
22	23	24	25	26	27	28
29	30	31	1	2	3	4

le week-end

ñaldi

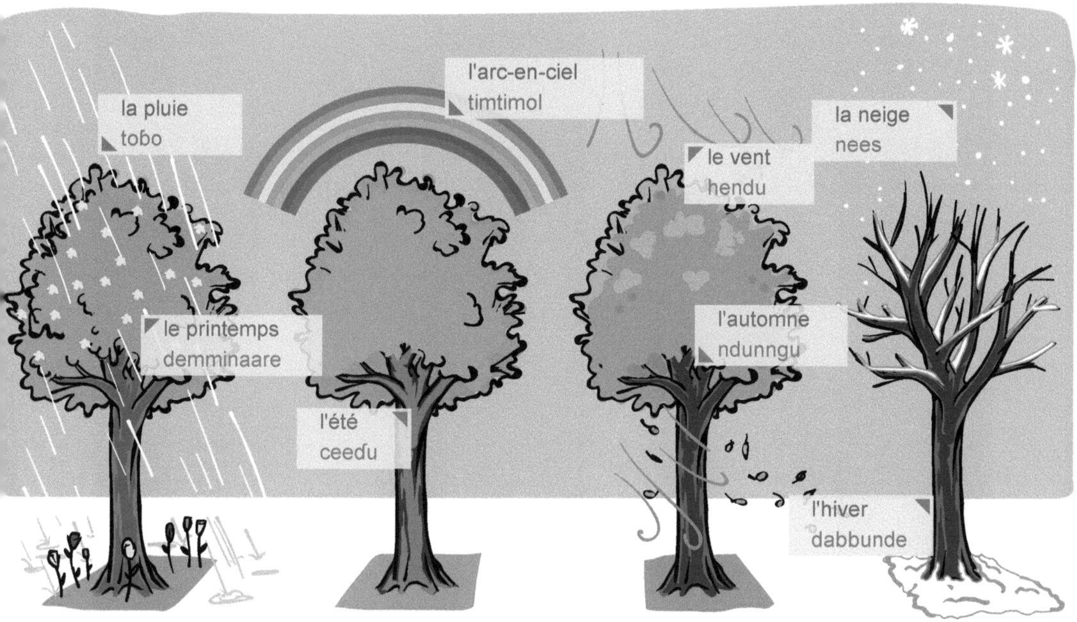

la pluie
tobo
l'arc-en-ciel
timtimol
le vent
hendu
la neige
nees
le printemps
demminaare
l'été
ceeɗu
l'automne
ndunngu
l'hiver
dabbunde

4.APRIL 11°
5.APRIL 4°
6.APRIL 13°
7.APRIL 8°
8.APRIL 10°

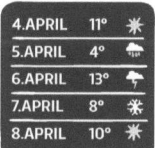

la météo

kabaaru weeyo

F
C
120
90
60
30
0
-30
40
30
20
10
0
-10
-20

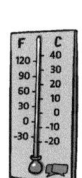

le thermomètre

termomeeter

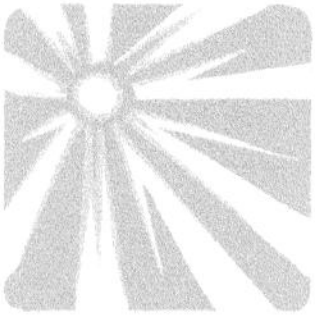

la lumière du soleil

naaŋini

le nuage

ruulde

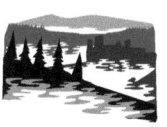

le brouillard

cuurki

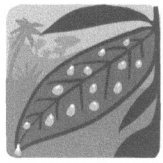

l'humidité

uddeende

la foudre

majje

la tonnerre

gidaango

la tempête

hendu

la grêle

huɗɗni

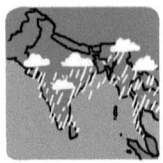

la mousson

ruulɗîni

l'inondation

waame

la glace

nees

janvier

Siilo

février

Colte

mars

Mbooy

avril

Seeɗto

mai

Duuyal

juin

Korse

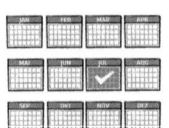

juillet

Morse

août

Juko

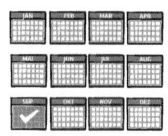

septembre

Siilto

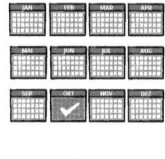

octobre

Yarkoma

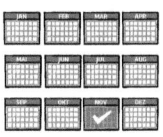

novembre

Jolal

décembre

Bowte

les formes
ɓalli

le cercle

taarto

le carré

yaajeendi

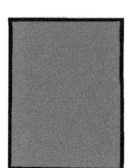

le rectangle

yaajo

le triangle

saraandi

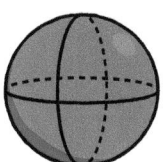

la sphère

mbiifu

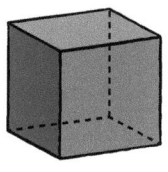

le cube

kiibb

sifaaji

blanc

daneejo

jaune

oolo

orange

oraas

rose

roos

rouge

boɗeejo

violet

mboongu

bleu

bulaajo

vert

werte

marron

cooyo

gris

puro

noir

baleejo

beaucoup / peu

heewi / seeɗa

fâché / calme

seki / deeyi

joli / laid

yooɗi / soofi

le début / la fin

fuuɗorde / gasirde

grand / petit

mawɗo / tokooso

clair / obscure

leeri / niɓɓiɗi

frère / soeur

maniraaɗo / miñiraaɗo

propre / sale

laabi / tunwi

complet / incomplet

timmi / manki

le jour / la nuit

ñalawma / jamma

mort / vivant

maayi / wuuri

large / étroit

yaaji / faaɗi

comestible / incomestible

nano / nanotaako

méchant / gentil

boni / moÿÿi

excité / ennuyé

softi / yoomi

gros / mince

ɓuttiɗi / sewi

le premier / le dernier

adi / wattindi

l'ami / l'ennemi

sehil / gaño

plein / vide

heewi / ɓolɗi

dur / souple

muusi / weeɓi

lourd / léger

teddi / hoyi

faim / soif

heege / ɗomka

malade / sain

faawɲi / selli

illégal / légal

wona laawol / laawol

intelligent / stupide

feerti / muddiɗi

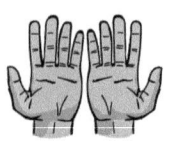

gauche / droite

nano / ñaamo

proche / loin

ɓatti / woɗɗi

nouveau / usé

keso / kiiɗɗo

rien / quelque chose

ndiga / huunde

vieux / jeune

nayeejo / suka

marche / arrêt

huɓɓi / ñifii

ouvert / fermé

uditi / uddii

faible / fort

deeÿi / dille

riche / pauvre

alɗi / waasi

correct / incorrect

goonga / fenaande

rugueux / lisse

tiiɗi / nooyi

triste / heureux

metti / weli

court / long

raɓɓiɗi / juuti

lent / rapide

leeli / yaawi

mouillé / sec

leppi / yoori

chaud / froid

wuli / ɓuuɓi

la guerre / la paix

hare / jam

les oppositions - ceeri

les nombres

pinɗe

0

zéro

ndiga

1

un / une

gooto

2

deux

ɗiɗi

3

trois

tati

4

quatre

nay

5

cinq

joy

6

six

jeegom

7

sept

jeeɗiɗi

8

huit

jeetati

9

neuf

jeenay

10

dix

sappo

11

onze

sappoy goo

12
douze

sappoy ɗiɗi

13
treize

sappoy tati

14
quatorze

sappoy nay

15
quinze

sappoy joy

16
seize

sappoy jeegom

17
dix-sept

sappoy jeeɗiɗi

18
dix-huit

sappoy jeetati

19
dix-neuf

sappoy jeenay

20
vingt

noogaas

100
cent

teemedere

1.000
mille

ujunere

1.000.000
le million

miliyooŋ

l'anglais

Aŋale

l'anglais américain

Aŋale Amarik

le chinois mandarin

Mandare Siinaaɓe

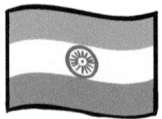

le hindi

Hindi

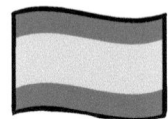

l'espagnol

Espaňool

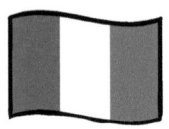

le français

Farayse

l'arabe

Arab

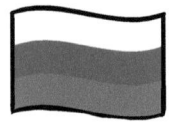

le russe

Riis

le portugais

Portigees

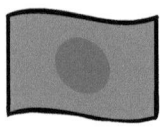

le bengali

Bengali

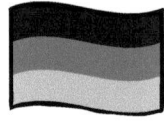

l'allemand

Almaa

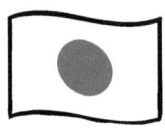

le japonais

Sapponee

je
miin

tu
an

il / elle / ce, c', cela
kanko / kanko / kanum

nous
minen

vous
onon

ils / elles
kamɓe

Qui ?
holoon?

Quoi ?
holɗuum?

Comment ?
holnoon?

Où ?
holtoon?

Quand ?
mande?

le nom
inde

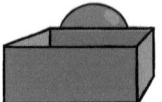

derrière

caggal

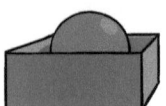

dans

nder

devant

sawndo

au-dessus

dow

sur

e

en-dessous

les

à côté de

sara

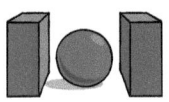

entre

hakkunde

le lieu

nokku